LA
CONFÉRENCE INTERNATIONALE

Tenue à ROME en 1886

*En vue de reviser la convention de 1883 pour la protection
de la Propriété industrielle.*

COMMUNICATION FAITE AU SYNDICAT

PAR

M. Michel PELLETIER

Avocat à la Cour d'appel de Paris

Séance plénière du 28 Juin 1886

PARIS

IMPRIMERIE ET LIBRAIRIE CENTRALES DES CHEMINS DE FER
IMPRIMERIE CHAIX
SOCIÉTÉ ANONYME AU CAPITAL DE SIX MILLIONS
Rue Bergère, 20
1887

EXTRAIT DU BULLETIN DU SYNDICAT
DES
INGÉNIEURS ET CONSEILS
EN MATIÈRE
DE PROPRIÉTÉ INDUSTRIELLE
BREVETS D'INVENTION — DESSINS ET MODÈLES INDUSTRIELS
MARQUES DE FABRIQUE ET DE COMMERCE

LA

CONFÉRENCE INTERNATIONALE

Tenue à ROME en 1886

*En vue de reviser la Convention de 1883 pour la protection
de la Propriété industrielle.*

COMMUNICATION FAITE AU SYNDICAT

PAR

M. MICHEL PELLETIER

Avocat à la Cour d'appel de Paris.
Membre du Conseil judiciaire du Ministère du Commerce et de l'Industrie,
délégué à la Conférence internationale de Rome.

Séance plénière du 28 Juin 1886

Compte rendu sténographique

PARIS
IMPRIMERIE ET LIBRAIRIE CENTRALES DES CHEMINS DE FER
IMPRIMERIE CHAIX
SOCIÉTÉ ANONYME AU CAPITAL DE SIX MILLIONS
Rue Bergère, 20
1887

LA

CONFÉRENCE INTERNATIONALE

Tenue à ROME en 1886

EN VUE DE REVISER LA CONVENTION DE 1883 POUR LA PROTECTION
DE LA PROPRIÉTÉ INDUSTRIELLE.

Séance plénière du 28 juin 1886

M. LE PRÉSIDENT. — Messieurs, vous vous rappelez que dans les précédentes séances plénières du Syndicat, nous avons examiné la Convention internationale du 20 mars 1883 à peu près complètement, et que nous sommes arrivés à cette conclusion, que, si elle demande à être expliquée et complétée dans quelques-uns de ses points, prise dans son ensemble elle est utile au pays et qu'il y a intérêt à la maintenir.

Vous vous rappelez également les arguments mis en avant par les adversaires de la Convention et les efforts faits pour entraîner le gouvernement français dans une voie qui ne craignait pas d'aller jusqu'à la dénonciation.

Tous ces efforts avaient en vue la Conférence diplomatique qui, aux termes de l'article 14 de la Convention de 1883, devait se réunir à

— 4 —

Rome, en 1886, dans le but de perfectionner, s'il y avait lieu, le système de l'Union.

Que les craintes exprimées par quelques Chambres de commerce fussent justifiées ou non, le gouvernement français ne pouvait les négliger et il en a fait la base des modifications que ses délégués étaient chargés de proposer à la Conférence de Rome, sans que, cependant, il voulût aller jusqu'à la dénonciation de la Convention.

Cette mission donnée aux délégués français était certainement assez difficile à remplir, puisque, sans aller jusqu'à la dénonciation, ils étaient chargés de proposer des modifications qui, nous pouvons le dire, étaient non seulement la négation de la Convention elle-même, mais encore le contre-pied des idées soutenues par les représentants de la France à la Conférence de 1883.

Vous savez quel a été le résultat de la Conférence de Rome; vous avez vu que, dès le début, il a été décidé que le texte de la Convention de 1883 ne serait pas modifié et que ce n'est que sur l'insistance des représentants de la France qu'il a été accepté que des articles additionnels, destinés à expliquer ou compléter les points douteux, pourraient être ajoutés à son texte.

L'étude de ces articles additionnels et l'appréciation des conséquences qui en résultent s'imposent à notre Syndicat, et feront l'objet des réunions plénières que nous leur consacrerons. Ce que nous pouvons constater dès maintenant, et tel est, je pense, votre avis, c'est que les modifications apportées à la Convention — car ce sont bien malgré tout des modifications — donnent en grande partie satisfaction aux vues que nous avions indiquées, lors de nos précédentes séances.

Vous avez tous connaissance, Messieurs, du protocole de la Conférence de Rome, et nous avons pu nous rendre compte que, plus ou moins, il a été touché à peu près à toute la Convention.

La discussion a été laborieuse et les délégués du gouvernement français, MM. le comte du Tour, ministre plénipotentiaire, Nicolas, directeur du commerce intérieur au ministère du commerce et de l'industrie, et Michel Pelletier, avocat à la Cour d'appel de Paris, notre collègue, ont certainement obtenu plus que ne permettait de l'espérer la fin de non-recevoir qui avait accueilli tout d'abord les propositions françaises.

Au point de vue de la Convention elle-même, il n'y a que les articles additionnels aux articles 5 et 10 qui touchent en quelque sorte au fond, le premier, en donnant à chaque État le droit de déterminer le sens dans lequel il y a lieu d'interpréter chez lui le terme « exploiter », droit qui peut aller jusqu'à fausser l'esprit de la Convention si l'interprétation qui lui est donnée est excessive, et le second en fixant exactement le sens et l'interprétation de l'article primitif.

Quant au règlement destiné à en interpréter les autres parties, il passe successivement en revue les divers articles, expliquant ce qui avait pu paraître douteux dans le texte primitif, notamment en ce qui concerne le « domicile », ce qu'il faut entendre par « pays d'outre-mer », les « colonies ressortissant à l'Union, les « attestations de protection légale » nécessaires à l'établissement de la propriété des marques de fabrique, etc., etc.

Enfin, le protocole se termine par un vœu qu'il serait désirable de voir se réaliser promptement, au nom duquel les États faisant partie de l'Union, qui n'ont pas encore de lois sur toutes les branches de la propriété industrielle, sont invités à compléter, sur ce point, leur législation, dans le plus court délai possible.

Nous aurons donc, Messieurs, à passer en revue les divers points visés par la Conférence de Rome et à exprimer notre avis sur chacun d'eux, mais avant d'ouvrir cette discussion vous serez certainement désireux de demander à notre collègue, M. Michel Pelletier, de vouloir bien nous donner quelques détails sur la Conférence de Rome à laquelle il a pris une si grande part, sur les idées qui dominaient dans ce milieu où la plupart des États étaient représentés par des hommes rompus aux affaires et préoccupés des intérêts spéciaux de leur propre pays, et sur les discussions qui ont eu lieu. Notre collègue sera naturellement juge de ce qu'il peut dire et doit taire, mais ce qu'il dira nous intéressera certainement tous. (Assentiment général.)

Je prie donc M. Michel Pelletier de vouloir bien prendre la parole.

M. Michel Pelletier. — Vous vous rappelez, Messieurs, dans quelles circonstances s'est réunie, cette année, à Rome, la Conférence internationale de l'Union pour la protection de la propriété industrielle. Cette réunion empruntait un caractère d'importance toute particulière à une double circonstance : tout d'abord les parties qui avaient signé la Convention en 1883 se trouvaient, pour la première fois, assemblées pour réviser leur œuvre. Quels résultats devait donner la première expérience faite de cette Convention, longuement, laborieusement préparée ? Dans quel esprit devait s'effectuer cette première retouche d'un accord international qui n'avait été réalisé, qui ne pouvait être maintenu que par des concessions réciproques, puisqu'il fallait harmoniser, pour les fondre par de certains côtés, tout en respectant leurs caractères individuels et particularisés, des législations industrielles le plus souvent dissemblables, quelquefois antagonistes? En second lieu, il s'était produit depuis quelques mois en France, à l'annonce de cette Conférence, une agitation générale dans les cercles industriels et commerciaux, si passionnée dans une partie de la presse, si pressante dans certains groupes parlementaires, qu'on avait même pu se demander si la dénonciation de la Convention ne devait pas en être la conséquence regrettable mais nécessaire.

On s'élevait contre les concessions excessives faites en 1880 par la France aux États cocontractants. Pourquoi s'était-on contenté d'imposer dans l'article 3, aux sujets des États ne faisant pas partie de l'Union, l'obligation du simple domicile ou de la possession d'un établissement industriel ou commercial sur le territoire d'un des États de l'Union, pour être assimilés aux sujets des États faisant partie de l'Union? Cette condition n'était-elle pas illusoire puisqu'on ne définissait en rien le caractère de ces établissements? En rendant l'assimilation si facile, on permettait aux étrangers possédant le plus modeste comptoir dans un des pays de l'Union de jouir de tous les avantages de la Convention sans se soumettre à aucune des charges qu'elle impose.

Et en ce qui concerne l'article 5, n'avait-on pas trop aisément fait bon marché de l'article 32 de notre loi du 5 juillet 1844, relatif à la déchéance pour introduction?

Pourquoi avoir, sans compensation, abandonné cette disposition si tutélaire des intérêts de notre industrie? Pourquoi avoir permis, sans déchéance possible, la fabrication exclusive à l'étranger en donnant au mot *exploiter* le sens de *vendre*, alors que rien ne nous y obligeait, alors que les Belges, les Italiens exigent la fabrication chez eux?

Et sur l'article 10, ne s'était-on pas montré trop facile en 1880? Nos lois françaises permettaient de poursuivre tout fraudeur qui se servait soit du nom d'une localité, soit de celui d'un individu pour les apposer sur des produits et faire croire mensongèrement qu'ils étaient fabriqués soit dans ladite localité, soit par ledit individu. Chacune de ces fraudes prise isolément constituait un délit, et voici qu'avec la Convention de 1880, article 10, il faut, lorsqu'il s'agit de produits étrangers, la réunion des deux fraudes pour que la poursuite soit possible.

D'autres critiques encore étaient dirigées contre certains articles de la Convention.

Ces questions, Messieurs, étaient de nature à vous intéresser à un haut degré; dans la dernière réunion du Syndicat, vous vous êtes justement demandé ce qu'il pouvait y avoir de fondé dans ces reproches. Vous vous êtes dit que, dans ces attaques, il se trouvait des remarques très justes, et vous avez manifesté le désir que les délégués à Rome fissent tout le possible pour éviter la dénonciation de la Convention, en tenant compte des critiques auxquelles ils croiraient possible de donner satisfaction.

L'Association des Inventeurs, qui marche d'accord avec vous, a examiné la même question et a décidé, elle aussi, qu'il convenait de maintenir la Convention tout en la modifiant sur certains points. Il en est de même du groupe industriel de la Chambre des députés, du Comité central des Chambres syndicales, etc., etc.

J'ai aujourd'hui la vive satisfaction de pouvoir vous dire que vos vœux, ainsi que ceux de l'Association des Inventeurs, ont, dans la plus large mesure, reçu satisfaction.

— Dès notre arrivée, nous nous sommes heurtés à des difficultés sérieuses.

Pour donner satisfaction aux réclamations que motivait l'abandon en 1880 de notre article 32, l'administration française avait envoyé à Rome une proposition qui tendait à supprimer l'article 5 et à revenir aux dispositions rigoureusement protectrices de la loi de 1844. On oubliait que les États de l'Union attachaient le plus grand prix à cette conquête réalisée par eux en 1880 et qu'ils n'en abandonneraient pas volontiers le bénéfice. Aussi cette proposition très radicale de l'administration française avait-elle mis le feu aux poudres, et tout de suite, pour en prendre le contre-pied, les Belges d'accord avec les Italiens, avaient déposé une proposition d'après laquelle on eût pu, sans encourir la déchéance, n'exploiter le brevet que dans le pays d'origine, alors qu'il aurait été pris dans tous les pays de l'Union. Adopter cette proposition, c'eût été mettre entre les mains d'un ou de deux États où la main-d'œuvre est à bon marché, le monopole de toute la fabrication; notre industrie nationale en particulier eût reçu là un coup direct. Il fallait absolument éviter que la Conférence ne fit accueil à cette innovation si nuisible aux intérêts français.

Les deux premières séances furent consacrées à la rédaction du règlement intérieur, sur lequel il n'y eut pas de difficulté. Mais voici qu'à la troisième séance, le délégué des Pays-Bas émit préjudiciellement cet avis que toute proposition tendant à changer le texte de la Convention serait d'avance écartée sans discussion possible, la Convention devant être considérée comme une charte imposée à chaque contractant jusqu'à dénonciation, son texte restant au-dessus de toute atteinte, échappant même à tout examen.

C'était la question préalable. — Nous dûmes nous élever énergiquement contre une telle prétention. N'étions-nous pas en droit de dire que la question préalable ne s'applique qu'en cas de proposition contraire au bon sens ou à l'ordre public et que tel n'était certainement pas le caractère de nos propositions? On insistait contre nous, et M. Monzilli, délégué italien, ajoutait : « Nous ne voulons examiner que les propositions tendant à faire fructifier dans l'Union les idées libérales qui ont inspiré son origine et nous entendons repousser de parti pris toute mesure qui aurait un caractère restrictif ou rétrograde. » A quoi nous répondions : « Comment voulez-vous connaître le sens et la portée d'une proposition si vous refusez à ses auteurs d'en expliquer devant vous les termes? » — Et, au surplus, cette nécessité éventuelle de la revision n'était-elle pas prévue par la Convention elle-même en son article 14, qui disposait qu'elle serait soumise à des revisions périodiques en vue d'y introduire les améliorations de nature à perfectionner le système de l'Union? Pourquoi? parce que la Convention de 1880, signée en 1883, était considérée par ses auteurs eux-mêmes comme une œuvre essentiellement perfectible. Elle avait été un premier trait d'union entre des intérêts opposés, mais il pouvait devenir nécessaire de resserrer plus étroitement ce lien ou de lui donner une plus grande élasticité. Il était donc à la fois nécessaire et légitime de procéder à cette revision. Mais telle était la crainte des réformes annoncées, que la proposition de M. le délégué des Pays-Bas, après un débat des plus vifs, fut votée par 5 voix contre 4. Dès lors on pouvait croire notre tâche achevée avant même d'avoir été commencée. Nos propositions se trouvaient écartées, condamnées avant tout examen.

Nous ne pouvions abandonner ainsi la campagne commencée. Au surplus, pensions-nous, peut-être serait-il possible de faire revenir la Conférence sur ce vote qui, maintenu, devait avoir pour effet notre départ immédiat. Nous vînmes donc dire à la Conférence d'accord avec les délégués anglais : « Vous ne voulez pas qu'on touche au texte de la Convention, on n'y touchera pas. Mais enfin vous voudrez bien nous permettre d'expliquer certaines dispositions obscures, de compléter certains articles insuffisants ou trop laconiques. Décidez donc que la Conférence pourra voter des articles additionnels qui s'ajouteront au texte primitif pour le commenter et l'éclaircir. »

Nous pouvions ainsi sous cette forme indirecte présenter à nouveau, comme paraphrase de la rédaction primitive, à l'examen de la Conférence, les propositions dont nous étions porteurs.

Il fut décidé que toutes les propositions seraient imprimées, distribuées et soumises à une commission composée de trois membres.

Cette commission, dans laquelle se trouvait un délégué anglais, un délégué belge, un délégué suisse, était saisie de huit propositions se rattachant à différents articles.

La proposition d'abord soumise à l'examen de la Conférence était celle relative à l'article 2, l'article 1er restant à l'abri de toute critique.

L'article 2 était ainsi conçu :

Art. 2.

Les sujets ou citoyens de chacun des États contractants jouiront, dans tous les autres États de l'Union, en ce qui concerne les brevets d'invention, les dessins ou modèles industriels, les marques de fabrique ou de commerce et le nom commercial, des avantages que les lois respectives accordent actuellement ou accorderont par la suite aux nationaux. En conséquence, ils auront la même protection que ceux-ci et le même recours légal contre toute atteinte portée à leurs droits, sous réserve de l'accomplissement des formalités et des conditions imposées aux nationaux par la législation intérieure de chaque État.

Vous vous rappelez, Messieurs, les critiques dirigées contre cet article 2. On trouvait injuste que les pays qui n'ont pas de législation relative à la protection de la propriété industrielle jouissent des bénéfices de la Convention. Voici, disait-on, les Pays-Bas, la Suisse, par exemple, qui n'ont qu'une législation incomplète ; est-il équitable de les appeler à jouir de tous les avantages de la Convention ?

En 1880, on avait déjà soulevé cette question, qui n'avait pas été résolue.

A Rome, l'honorable M. Nicolas déposa la proposition suivante :
« Les États faisant partie de l'Union qui ne possèdent pas de lois sur toutes les branches de la propriété industrielle, devront compléter dans le plus bref délai possible leur législation sur ce point. »

Il était bien difficile de faire suivre cette proposition d'une sanction, car c'eût été obliger les États qui n'ont pas une législation industrielle complète à sortir de l'Union, spécialement la Suisse et les Pays-Bas ; telle ne pouvait être la volonté de la Conférence. Il fallait se contenter d'un vœu aussi pressant que possible qui, sans nous aliéner des sympathies dont nous allions avoir besoin, pourrait hâter la détermination des Pays-Bas, vivement sollicités déjà en vue de l'élaboration prochaine d'une loi sur les brevets, et qui pourrait agir aussi sur l'esprit du corps électoral helvétique appelé à statuer bientôt sur l'opportunité d'une loi sur cette même matière.

Tel fut l'avis de la commission et elle vint le soutenir devant la Conférence. L'accord paraissait unanime. Nous dûmes nous rallier, après avoir toutefois fait décider que ce vœu, exprimé à l'unanimité, figurerait dans le protocole de clôture.

On peut espérer que ce vœu ne restera pas purement platonique. Il se fait dès maintenant en Suisse un mouvement des esprits qui paraît favorable à l'idée d'une protection nécessaire de la propriété industrielle, et il est possible que l'opinion unanimement émise par les États de l'Union à Rome en hâte le développement.

Le vœu qui figure à la fin du protocole est ainsi conçu :

« Les États faisant partie de l'Union qui ne possèdent pas de lois sur toutes les branches de la propriété industrielle, devront compléter dans le plus court délai possible leur législation sur ce point.

» Il en sera de même pour les États qui entreraient ultérieurement dans l'Union. »

Nous abordons maintenant, Messieurs, l'examen de l'article 3, ainsi conçu :

Art. 3.

Sont assimilés aux sujets ou citoyens des États contractants les sujets ou citoyens des États ne faisant pas partie de l'Union, qui sont domiciliés ou ont des établissements industriels ou commerciaux sur le territoire de l'un des États de l'Union.

Cet article avait été inspiré en 1880 par le besoin d'une transaction entre deux systèmes antagonistes, l'un qui refusait à tout État étranger à l'Union le bénéfice de la Convention, l'autre qui admettait une parité absolue de traitement entre les sujets des pays étrangers à l'Union et ceux des pays contractants. — On n'osa pas accepter la solution extrême proposée de part et d'autre. — On s'arrêta à un terme moyen en imposant à l'étranger les conditions restrictives du domicile ou de l'établissement industriel ou commercial.

Cette bienveillance si libérale à l'égard des étrangers n'était-elle pas un leurre pour nos intérêts ? Devait-on en ces matières s'inspirer des principes si généreux qui avaient exclu en certaines parties de notre législation française la règle étroite, mais souvent nécessaire de la réciprocité? N'avait-on pas fait à cet égard une expérience décisive, notamment pour la propriété littéraire (décret de 1852)?

Ces réflexions s'étaient produites dans le sein de plusieurs Chambres de commerce ; elles estimaient qu'en ne mettant pas un prix assez élevé à l'octroi des avantages de la Convention dont l'étranger pourrait prétendre jouir sans entrer dans l'Union, on avait presque enlevé en 1883 aux États non-contractants toute raison d'adhérer à la Convention. — Et puis, que fallait-il entendre par établissements industriels ou commerciaux? « À quels signes les reconnaîtra-t-on? disait le groupe industriel de la Chambre des députés. Un dépôt de marchandises, un magasin de vente, un bureau, un office de correspondance sont-ils des établissements industriels ou commerciaux? » Toutes ces questions laissées dans le vague demandaient à être résolues.

Au surplus, ce n'était pas seulement en France qu'on avait relevé cette lacune dans les dispositions de l'article 3. Nous trouvâmes dans les travaux préparatoires envoyés à Rome par la délégation suisse un projet de règlement d'après lequel, pour pouvoir bénéficier de l'article 3, le citoyen d'un État non contractant qui n'aurait pas rempli les conditions de domicile prévues par la première partie dudit article, devrait posséder un établissement industriel ou commercial dans un État de l'Union, y être représenté par un mandataire général ou en être propriétaire exclusif.

Tels étaient les termes du projet de règlement, article premier.

En abordant l'examen de l'article 3, nous avons pensé que cette rédaction, due aux Suisses et aux Italiens, était de nature à donner une certaine satisfaction à nos réclamations, mais qu'il y avait lieu de la compléter. Nous proposâmes une distinction entre l'étranger propriétaire d'un brevet d'invention ou d'une marque de fabrique, ou de dessins ou de modèles industriels d'une part, et, d'autre part, l'étranger simplement propriétaire d'une marque de commerce ; ce qui revenait à distinguer entre l'étranger fabricant et l'étranger commerçant. L'étranger fabricant, disions-nous, s'il veut jouir du bénéfice de l'article 3 dans l'un des pays de l'Union, devra justifier qu'il y possède une fabrique ; s'il est commerçant, il devra justifier qu'il a, dans un pays de l'Union, un établissement commercial.

Cette distinction se rattachait dans notre pensée à l'idée générale qui avait inspiré les critiques lancées contre la Convention, telle qu'elle était sortie des travaux du Congrès de 1880, c'est-à-dire à la nécessité de protéger notre travail national. « Voulez-vous être assimilés à nos nationaux, disions-nous aux sujets des pays non contractants, commencez, si vous êtes fabricants, par établir chez nous une fabrique, si vous êtes commerçant, par établir chez nous un comptoir. » La Conférence renvoya à la commission l'élaboration d'un nouveau texte dans lequel serait fondue la rédaction suisse et celle proposée par nous.

Nous fîmes accepter d'abord par la commission, ensuite par la Conférence, un texte qui contenait nettement l'idée d'une exploitation véritable, à l'exclusion d'un simple dépôt, permanente, à l'exclusion d'un magasin ou d'un atelier vite ouvert et plus vite fermé. On décida, pour le cas où l'étranger ne serait pas domicilié dans un État de l'Union, qu'en outre des conditions nouvelles proposées d'abord dans le projet de règlement, article premier, cet étranger devrait encore prouver le caractère sérieux de son exploitation. Ainsi, ou bien l'étranger devra fixer son domicile dans l'un des États de l'Union, ou bien il faudra qu'il ait, dans l'un de ces États, un établissement industriel ou commercial, qu'il justifie être propriétaire exclusif de cet établissement, y être représenté par un mandataire général, et qu'il prouve, en cas de contestation, qu'il y exerce son commerce ou son industrie d'une manière réelle et continue. Le concours de ces conditions cumulées constitue, à mon sens, une protection efficace contre toute supercherie. La condition d'être propriétaire exclusif écarte les simples participants, commanditaires, associés, porteurs d'actions. La nécessité du « *Mandataire général* » implique également une exploitation sérieuse, et enfin, la justification obligée, en cas de contestation, d'une exploitation réelle et continue, ouvre à nos tribunaux un large champ d'appréciation. Vous estimerez, sans doute, Messieurs, que, sans exclure absolument les étrangers du bénéfice de la Convention, cette rédaction nouvelle de l'article 3 élève autour d'elle un système de protection assez solide pour tenter, par l'appât d'avantages plus complets, certains États actuellement encore étrangers à l'Union et à leur faire sentir l'utilité de s'y rattacher.

Sur l'article 4, il n'y a pas de difficultés. Cet article était resté à l'abri des critiques soulevées par la Convention de 1880. Il s'agissait seulement de régler ce qu'on devait entendre par pays d'outre-mer. Le paragraphe 2 des dispositions explicatives du Règlement pour l'exécution de la Convention répond à cette question.

J'arrive tout de suite à l'article 5, qui est un des plus importants. En voici le texte :

— 13 —

Art. 5.

L'introduction par le breveté, dans le pays où le brevet a été délivré, d'objets fabriqués dans l'un ou l'autre des États de l'Union, n'entraînera pas la déchéance.

Toutefois le breveté restera soumis à l'obligation d'exploiter son brevet conformément aux lois du pays où il introduit les objets brevetés.

Vous savez, Messieurs, tout ce qu'on a dit de cette rédaction.

Grâce à l'article 32 de la loi de 1844, avec le régime de protection qui régnait en France à cette époque, notre industrie nationale était défendue contre la concurrence étrangère. Et voilà que l'article 5 de la Convention vient couper la digue et que désormais cette concurrence peut inonder notre marché. Les Chambres de commerce, le groupe industriel de la Chambre des députés s'étaient tout particulièrement élevés contre cette innovation dangereuse.

La proposition première de l'administration française, je vous le rappelle, avait épousé ces critiques, et demandé que la Conférence en revînt au texte de l'article 32 de la loi de 1844, provoquant ainsi la contre-proposition belge devenue proposition italienne, dont le vote eût été désastreux pour nous et qui disait : « Il est entendu que le 2ᵉ paragraphe de l'article 5 de la Convention n'entraîne pas la déchéance des droits du titulaire d'un brevet dans les autres États de l'Union lorsqu'il a exploité son invention dans le pays d'origine. »

Avant d'aborder la discussion de ces propositions, toutes deux si grosses de tempêtes, il nous parut sage de jalonner le terrain.

En provoquant le débat sur la première proposition française, tendant soit à interdire, soit à limiter l'introduction, c'est-à-dire à revenir complètement ou par partie à l'article 32 de la loi de 1844, nous allions au-devant d'un échec certain qui eût rendu impossible même une atténuation dans la rédaction de l'article 5.

« Avant de discuter, disions-nous, commençons donc par définir. Or, l'article 5, paragraphe 2, imposant au breveté l'obligation d'exploiter son brevet conformément aux lois du pays où il introduit les objets brevetés, il est indispensable de donner tout de suite son véritable sens au mot exploiter. »

Pour qu'il y ait exploitation, suffit-il qu'il y ait vente, ou faudra-t-il la fabrication ?

Les législations d'un grand nombre de pays exigent l'exploitation : telles la loi belge du 24 mai 1854, article 23 ; celle du Brésil, du 28 avril 1830, article 10 ; celle de l'Espagne, du 30 juillet 1878, article 38 ; de la

France, du 31 mai 1856, modifiant l'article 32 de la loi de 1844; du Guatémala, du 2 juin 1864, article 14; de l'Italie, du 31 janvier 1864, article 84; du Portugal, du 31 décembre 1852, article 32; de la Suède, du 16 mai 1884, article 15; de la Norwège, du 16 juin 1885, article 27.

Mais aucune de ces législations ne définit le mot « exploiter ».

Dans certains pays il est interprété dans le sens de vendre, dans d'autres dans le sens de fabriquer.

En 1880, les délégués français, questionnés à ce sujet, ont dit qu'*exploiter* signifiait *vendre*. Les Italiens et les Belges, interrogés sur la même question, ont répondu : « *Exploiter* veut dire *fabriquer*. » Pourquoi certains pays prendraient-ils l'engagement de donner à ce mot une signification, tandis que d'autres réserveraient à cet égard leur appréciation ? Pourquoi ne s'entendrait-on pas pour laisser à cet égard à chacun la plénitude de sa liberté ? Ce serait tout à fait conforme à ce principe du respect des législations individuelles souvent proclamé en 1880 comme constituant une des bases de la Convention.

Nous rencontrions sur ce terrain une violente résistance de la part de la Belgique et de l'Italie. Les délégués de ces pays soutenaient que le mot *exploiter* devait nécessairement s'entendre dans le sens de vendre et qu'il devait suffire, pour pouvoir introduire dans un pays, d'y posséder un comptoir commercial.

Après un long débat, la Conférence a voté notre proposition ainsi formulée : « Chaque pays aura à déterminer le sens dans lequel il y » a lieu d'interpréter chez lui le terme *exploiter*. »

La portée de cette décision ne saurait vous échapper, Messieurs. En armant nos pouvoirs publics de la faculté de décider que la fabrication devra avoir lieu en France quand on voudra y introduire des objets brevetés dans un pays de l'Union, la Conférence donne satisfaction aux réclamations de notre industrie sans méconnaître les légitimes intérêts du breveté.

Le paragraphe 1er de l'article 5 permet l'introduction. Par là il favorise l'inventeur en lui permettant de faire à l'étranger des essais à meilleur compte, en stimulant ses facultés créatrices par la comparaison avec les productions du génie industriel étranger. Mais en même temps cette disposition trouve sa mesure et comme son contrepoids dans le paragraphe 2, qui, avec l'interprétation qu'il nous est désormais loisible de lui donner, obligera l'introducteur à fabriquer effectivement en France.

L'article 5, auquel nous ne pouvions pas toucher, pose ce principe que l'introduction est permise. On peut être breveté dans un pays quelconque de l'Union, et l'on peut introduire d'un autre pays. Mais le corollaire de cette règle en indique la limite : on ne pourra introduire qu'à condition de justifier de l'exploitation (vente ou fabrication) dans le pays destinataire. Pour la France, où les nécessités de notre situation économique exigent que le mot exploiter signifie fabriquer, il y aura pour le breveté qui voudra fabriquer à l'étranger, obligation de conduire de front deux fabrications concomitantes, parallèles, l'une à l'étranger, l'autre en France.

Dans la pratique, cette fabrication obligatoire en France sera le plus souvent exclusive de toute autre fabrication à l'étranger. Comment le breveté pourrait-il surveiller à la fois ses deux établissements ? L'introduction sera donc réduite dans une grande proportion. En tous cas, il restera aux tribunaux, en exerçant leur pouvoir d'appréciation, à appliquer ici des règles de mesure et de proportions. Ils détermineront le degré d'importance que devra avoir la fabrication en France par rapport à la fabrication à l'étranger, cette dernière devant rester l'accessoire et le complément de l'autre à qui devra être dévolue l'extension la plus considérable.

Ainsi, par le vote de la Conférence, l'interprétation dans le sens de fabrication du mot exploiter, sans doute arbitraire avant ce vote, est devenue absolument licite.

Les propositions françaises sur ce même article 8 perdaient leur intérêt, après ce vote acquis.

Les délégués français crurent cependant devoir les maintenir ; c'était pour tenir en échec la contre-proposition belge-italienne. Toutes ces propositions furent ajournées.

Les articles suivants n'ayant pas donné lieu à des demandes de modifications, je passe à l'article 10.

Vous vous étiez déjà préoccupés de cet article dont on avait critiqué à la fois et le fond et la forme.

Il ne se comprend qu'à la condition d'être lié à l'article 9 qui dit ceci :

Art. 9.

Tout produit portant illicitement une marque de fabrique ou de commerce, ou un nom commercial, pourra être saisi à l'importation dans ceux des États de l'Union dans lesquels cette marque ou ce nom commercial ont droit à la protection légale. La saisie aura lieu à la requête soit du ministère public, soit de la partie intéressée, conformément à la législation intérieure de chaque pays.

ART. 10.

Les dispositions de l'article précédent seront applicables à tout produit portant faussement, comme indication de provenance, le nom d'une localité déterminée, lorsque cette indication sera jointe à un nom commercial fictif ou emprunté dans une intention frauduleuse.

Est réputé partie intéressée tout fabricant ou commerçant engagé dans la fabrication ou le commerce de ce produit, et établi dans la localité faussement indiquée comme provenance.

Vousavez présentes à l'esprit, Messieurs, les critiques qu'avait soulevées cet article 10. Il faut, d'après lui, pour que la saisie puisse avoir lieu, la réunion de deux délits : d'abord l'apposition sur le produit d'une indication fausse de provenance, et, en second lieu, l'indication d'un nom fictif ou emprunté dans une intention frauduleuse. Avec nos lois françaises, point n'est besoin de la réunion de ces deux délits ; on peut poursuivre soit la fausse indication d'un lieu de provenance, soit l'apposition d'un faux nom ; chacun de ces faits constitue par lui seul un délit et permet la mise en action de la poursuite. Pourquoi donc, disait-on, avoir exigé la réunion des deux délits, alors que la perpétration d'un seul devrait être déférée aux tribunaux ? « Pourquoi, dit le rapporteur de la Chambre de commerce de Paris, n'avoir pas été plus loin et n'avoir pas défendu le nom des lieux de fabrique seul, sans adjonction du nom commercial fictif ou emprunté dans une intention frauduleuse ? »

A cette question M. Bozérian répondait, dans une brochure parue en 1883 (*la Convention internationale*, page 44) : « Si l'on n'est pas allé plus loin, c'est qu'on ne l'a pas pu, ce n'est pas la faute des commissaires français. »

M. Bozérian était obligé de reconnaître le vice de cet article en s'en excusant sur la résistance rencontrée auprès des autres États.

Je crois pour ma part que cette rédaction, si fâcheuse pour les intérêts français, peut s'expliquer historiquement par l'étude des procès-verbaux de 1880 et qu'en réalité elle avait le tort grave de ne pas traduire la pensée des délégués plutôt qu'elle ne dissimulait les pièges que les défenseurs des intérêts d'autres États y auraient semés à dessein.

En 1880, le projet primitif était ainsi conçu : « Tout produit portant illicitement soit la marque d'un fabricant ou d'un commerçant établi dans l'un des pays de l'Union, soit une indication de provenance dudit pays sera prohibé à l'entrée dans tous les autres États contractants, exclue du transit et de l'entrepôt et pourra être l'objet d'une saisie suivie, s'il y a lieu, d'une action en justice. »

Cet article fut renvoyé à la commission et il fut entendu qu'un article spécial serait rédigé relatif aux noms de localité.

On avait fait ressortir qu'un nom de localité peut être employé sans mauvaise foi, non pour tromper sur le lieu de provenance, mais seulement pour désigner un genre de produits par leur appellation la plus en usage, par exemple, « gants de Suède », « velours d'Utrecht », et l'on en vint à admettre que l'usage du nom d'une localité autre que celle de la vraie provenance n'était pas nécessairement par lui-même frauduleux et partant illicite et qu'il fallait en tous cas l'intention de nuire et la possibilité de l'erreur pour qu'il y eût délit.

La commission proposa alors une rédaction qui permettait de poursuivre quand, à la fausse indication de provenance, serait joint un nom commercial fictif. Ce serait le cas d'un Italien qui vendrait en France du vin de champagne d'Épernay fabriqué en Italie en indiquant qu'il a été fabriqué par Thomas, alors qu'il n'y a pas de Thomas fabricant de vin de champagne à Épernay.

Mais on remarqua que l'introducteur pourrait encore, sans inventer un nom fictif, emprunter le nom réel d'un habitant de la localité et s'en servir frauduleusement. On adopta alors une rédaction qui visait les deux cas de fraude signalés en décidant que : « Les dispositions de l'article sont applicables à tout produit portant faussement comme indication de provenance le nom d'une localité déterminée lorsque cette indication est jointe à un nom commercial fictif ou mensonger. » C'est dans cet esprit que la rédaction définitive fut admise.

On visait ainsi les deux cas où la fraude serait absolument manifeste.

Cette énumération avait le tort de paraître limitative et le texte semblait n'autoriser la poursuite que dans le cas où les deux délits étaient réunis. — Aussi, les Italiens tenaient fort à cette rédaction. — Grâce à elle, on pensait pouvoir introduire en France, avec une parfaite impunité, des produits ne portant que la fausse indication du lieu de localité et point d'indication de nom commercial.

Ils ne s'étaient pas fait faute de protester quand ils avaient eu connaissance de la circulaire lancée par M. le Ministre du commerce et de l'industrie, l'honorable M. Lockroy, le 26 février 1886.

Cette circulaire, qui rendait toute son énergie à notre loi de 1824 ainsi qu'à l'article 10 de la loi de 1857, leur paraissait aller à l'encontre de l'article 10 de la Convention compris dans son sens littéral.

Il nous fallait de toute nécessité faire revenir la Conférence sur la rédaction acceptée en 1880, introduire une disposition nouvelle dans l'article 10 pour permettre d'atteindre isolément chacun des faits de fraude qui, avec l'ancienne rédaction, ne pouvaient être poursuivis qu'autant qu'ils étaient commis tous les deux à la fois. Mais, au point de vue du texte, nous étions toujours liés par la décision prise au début de nos travaux et qui nous forçait à respecter dans sa forme l'œuvre de 1880.

Les délégués anglais, après entente avec nous, ont bien voulu se mettre en avant ; ils avaient en particulier à protéger le nom d'une de leurs villes les plus fameuses par sa fabrication : Sheffield.

Ils déposèrent un texte nouveau et la discussion s'engagea.

Les délégués de l'Italie nous opposèrent une vive résistance, prétendant que la proposition était, par sa nature, étrangère à la propriété industrielle, peu pratique, intéressante seulement pour le consommateur dont la Conférence n'avait pas à s'occuper ; ils repoussaient toute assimilation entre les droits d'une ville et ceux d'un individu sur son nom.

« Il s'agit ici, écrivait M. Monzilli dans son mémoire (page 88), de droits réels, déterminés et appartenant à quelqu'un ; on ne pourrait donc transformer le but de la Convention pour protéger l'origine des produits. » On prétendait se cantonner dans le texte de 1880.

La Conférence comprit qu'il était nécessaire d'atteindre, en donnant à l'article 10 une plus grande portée, les cas nombreux de fraude qui, sous des formes multiples et changeantes, pouvaient trop aisément glisser à travers les dispositions trop étroites du texte primitif.

Elle ne posa cette règle que d'une manière absolue et, en outre des espèces originairement prévues, il serait interdit d'apposer sur un produit une fausse indication de provenance, en admettant à titre d'exception qu'on pût faire ainsi usage des noms de pays qui auraient pris dans le langage courant un sens générique, les tribunaux ayant à déterminer, en cas de contestations, quelles seraient ces exceptions.

La Conférence n'admit donc pas les théories des Italiens ; elle comprit combien la thèse défendue par nous assurait la moralité dans les relations commerciales et industrielles, combien elle s'inspirait de la nécessité de protéger le patrimoine d'une ville, collectivité d'intérêts privés, à l'égal de la fortune de chacun de ses habitants. Elle y vit l'expression de la véritable pensée des auteurs de la Convention.

C'est ainsi qu'elle s'arrêta à une rédaction qui, s'ajoutant à l'ancien texte, maintenait la poursuite dans le cas où les deux fraudes se trouveraient simultanément commises pour le lieu de provenance et pour le nom commercial fictif ou frauduleusement emprunté, et, en outre, permettait, par une disposition nouvelle, de poursuivre lorsque l'une ou l'autre de ces deux fraudes se trouverait séparément commise.

Il restait à statuer sur un amendement du délégué belge qui était venu se greffer sur le nouvel article 10 pour en restreindre quelque peu la portée. Cet amendement était ainsi conçu : « Il n'y a pas intention frauduleuse dans le cas prévu par le paragraphe 1er de l'article 10 de la Convention, lorsqu'il sera prouvé que c'est du consentement du fabricant dont le nom se trouve apposé sur les produits importés que cette apposition a été faite. »

La Conférence a voté cette réserve.

Quelle en est la véritable portée ?

Tout d'abord remarquons qu'il ne s'agit pas ici d'un commerçant. Il avait d'abord été question de mettre dans le texte... « lorsqu'il sera prouvé que c'est du consentement du destinataire...; » ce mot a été remplacé par celui de fabricant. C'est donc seulement le fabricant et non le commerçant qui est ici en cause.

Mais de quel droit ce fabricant qui se livre à l'importation va-t-il se trouver investi ? Pourra-t-il, sur des produits fabriqués pour son compte, sur son ordre, à l'étranger, faire apposer, non seulement son nom, mais encore le nom du lieu où il est établi en France ? Il est permis de soutenir qu'il ne pourra faire apposer que son nom seulement.

Pour accorder à ce fabricant le droit de faire usage à son profit du nom d'une localité, il eût fallu que la Conférence reconnût comme légitime ce qu'elle venait de taxer d'usurpation et de fraude, et au surplus le procès-verbal ne laisse aucun doute sur ce point, M. le président Péruzzi ayant dit, s'adressant en séance à l'honorable M. Nicolas, que le délégué belge « dans sa proposition n'avait pas visé l'indication de provenance des produits, mais les noms empruntés dans une intention frauduleuse ». En outre le texte est formel, puisqu'il ne parle que de l'apposition *du nom du fabricant.*

Réduite à ces proportions, la disposition finale de l'article 10 présentée par le délégué belge reste sans portée sérieuse. — Et elle paraît légitime si l'on songe qu'autant il est impossible de permettre à un fabricant de se servir, au risque de le compromettre, du nom d'une localité, propriété collective, autant il semble difficile de le priver du droit d'apposer son nom patronymique, propriété évidemment privée, sur des produits qui lui appartiennent.

Je dois ajouter une remarque : selon moi, la tromperie sur le lieu de provenance ne doit pas être confondue avec la simple indication d'adresse. S'il est défendu de tromper l'acheteur sur l'origine des produits vendus, il est permis de lui faire connaître le lieu de vente. Les tribunaux devront donc distinguer, selon les circonstances de fait, si l'on a voulu, par l'apposition du nom de la localité, tenter une supercherie contre la clientèle ou seulement lui faire connaître un lieu de ralliement.

Je n'ai plus, Messieurs, qu'à vous dire quelques mots du projet de Règlement étudié par la Conférence et auquel avait été joint un projet d'arrangement présenté par le Bureau international avec amendement de l'administration italienne.

Nous ne parlerons pas de la disposition relative à la situation de l'étranger dont il a été précédemment question à propos de l'article 3. Les autres points à traiter ne visaient guère que des détails d'organisation et d'administration intérieure. Tels les articles relatifs à l'indication des pays d'outre-mer, à la date d'accession d'un nouvel État à la Convention, à l'étendue du ressort de l'Union, aux attestations de protection légale, aux renseignements à fournir par le Bureau international, à la protection temporaire des inventions, dessins ou modèles figurant aux Expositions internationales, où satisfaction nous a été donnée.

Tels encore ceux relatifs à la statistique et à l'entrée en vigueur du présent Règlement.

Le projet tendant à établir l'indépendance de tous les brevets pris successivement dans les pays de l'Union paraissait de nature à soulever d'assez sérieuses difficultés, puisqu'il entraînait des changements dans les législations individuelles; on décida d'en ajourner l'examen. De même en ce qui touche le projet d'arrangement qui avait pour but l'enregistrement international des marques.

Il fut aussi décidé que la dotation du Bureau de Berne serait réglée entre lui et les administrations de chacun des pays de l'Union, puisque aussi bien les délégués n'avaient pas qualité pour trancher des questions de dépenses et qu'au surplus aucun projet de budget n'était proposé à leur examen.

Un mot en ce qui concerne le n° 3 du § 3 du règlement, ainsi conçu : « Toute demande tendant à étendre un brevet à d'autres pays de l'Union devra être accompagnée d'un exemplaire manuscrit ou imprimé de la description de l'invention et des dessins, s'il en existe, tels qu'ils auront été déposés dans le pays où la première demande a été faite. Cette copie devra être certifiée par le Service spécial de la propriété industrielle de ce dernier pays. » — M. Armengaud m'a fait l'honneur de m'écrire une lettre m'indiquant qu'il croit cette rédaction critiquable, à un double point de vue : 1° parce que le breveté sera obligé de payer autant de fois la somme de 25 francs qu'il voudra se faire délivrer de copies ; 2° parce qu'on ne pourra délivrer des copies de demandes de brevets qui sont secrètes.

Avant de répondre à ces deux critiques, j'ai cru devoir demander son avis au délégué français dont j'avais eu l'honneur d'être le collaborateur à Rome, l'honorable M. Nicolas, directeur du commerce intérieur au Ministère et conseiller d'État. Voici son avis :

1° En ce qui touche le droit de 25 francs, M. Nicolas considère qu'il ne sera pas demandé, à la seule condition que le breveté indiquera le pays où il veut étendre son brevet, et cette copie lui sera gratuitement délivrée un nombre de fois égal au nombre des pays qui figureront dans l'Union.

2° En ce qui touche les pays où le brevet est tenu caché, il est évident qu'aucune copie ne sera délivrée, ce § 3 ne s'appliquant qu'aux États où les demandes de brevets ne sont pas secrètes.

J'ajouterai que nous avons pu donner satisfaction au vœu émis par les Chambres de commerce relativement à la protection temporaire des inventions, dessins, modèles et marques, figurant aux Expositions internationales. Nous avons obtenu que chaque État aurait la faculté d'étendre ledit délai. Notre loi française accordant déjà une protection de trois mois, les six mois dont parle le § 6 du règlement s'ajoutent à ce délai et ne se confondent pas avec lui.

Enfin pour la statistique, nous avons cru devoir repousser les propositions du Bureau international.

On demandait que chaque pays de l'Union envoyât à Berne des statistiques faites toutes d'après le même modèle, et comprenant les mêmes classifications. Nous avons pensé que cette généralisation dans les types de statistique serait plutôt une gêne qu'un avantage. S'il se trouve dans l'Union des pays différents les uns des autres par leurs industries, par la nature de leur production, comment appliquer à tous la même formule de statistique ? Tel type utile à ceux-ci ne servirait pas à ceux-là.

Il nous a paru qu'il valait mieux laisser libre carrière à l'adminis-

tration suisse et lui permettre d'établir ses classifications comme elle
le voudrait et suivant les indications qui lui arriveraient des différents
centres de production. C'est ce que la Conférence a décidé.

J'en ai fini, Messieurs, avec ce trop long exposé et, en m'excusant
d'avoir abusé de votre attention, je vous remercie de votre bienveillance.

Ainsi que vous le voyez et pour me résumer, la Conférence de
Rome a maintenu et affirmé le principe de la Convention, mais elle
l'a assoupli pour le mieux mettre en harmonie avec la législation
française et les nécessités de notre situation économique. Elle a donné
satisfaction, dans la mesure de ce qu'ils avaient de légitime et de
possible, aux dési.. manifestés dans un grand nombre de centres
industriels de France, en comblant certaines lacunes, en dissipant
certaines ambiguïtés.

Pour ma part, je serai heureux si ce résultat peut avoir votre ap-
probation.

(Bravo! bravo! applaudissements.)

IMPRIMERIE CENTRALE DES CHEMINS DE FER. — IMPRIMERIE CHAIX.
RUE BERGÈRE, 20, PARIS. — 6806-7.

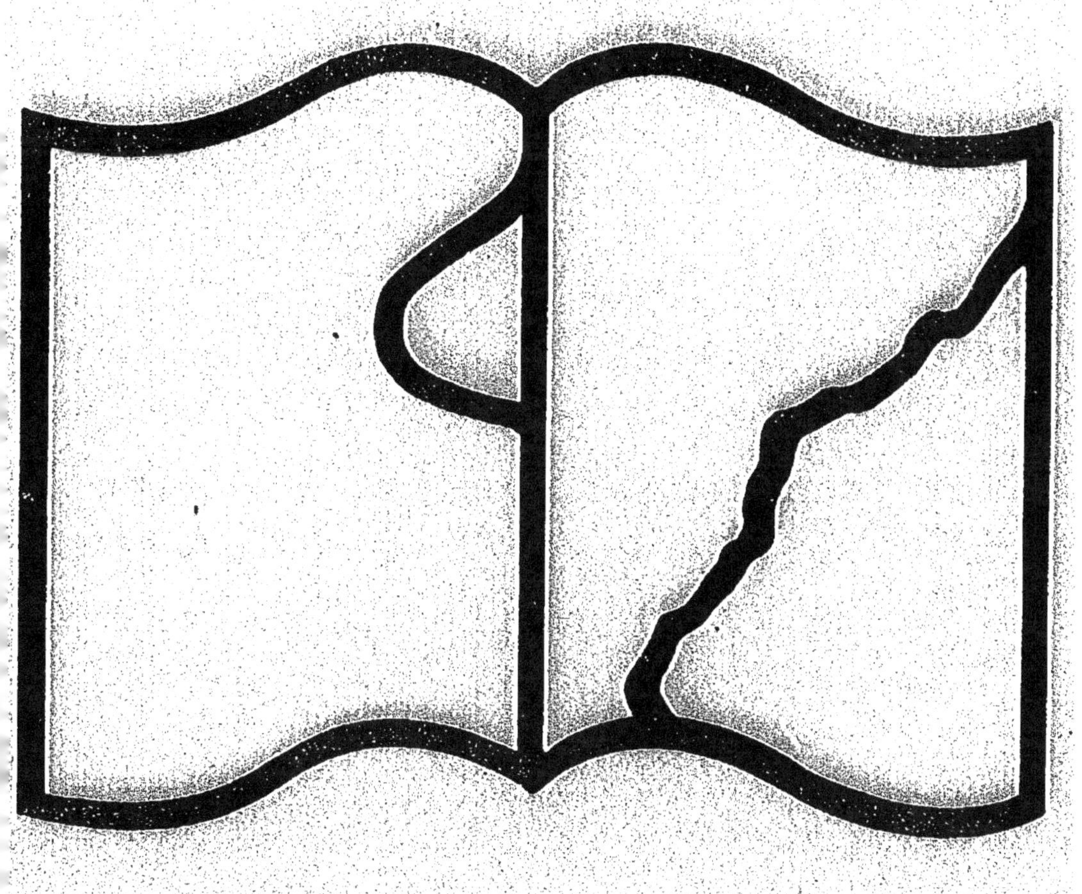

Texte détérioré — reliure défectueuse

NF Z 43-120-11